Impressum
Verlag: BABADADA GmbH, Nedderfeld 112 , 22529 Hamburg
Geschäftsführer / Verlagsleitung: Harald Hof
Druck: Books on Demand GmbH, In de Tarpen 42, 22848 Norderstedt

Imprint
Publisher: BABADADA GmbH, Nedderfeld 112 , 22529 Hamburg, Germany
Managing Director / Publishing direction: Harald Hof
Print: Books on Demand GmbH, In de Tarpen 42, 22848 Norderstedt

# мәктәп

# escola

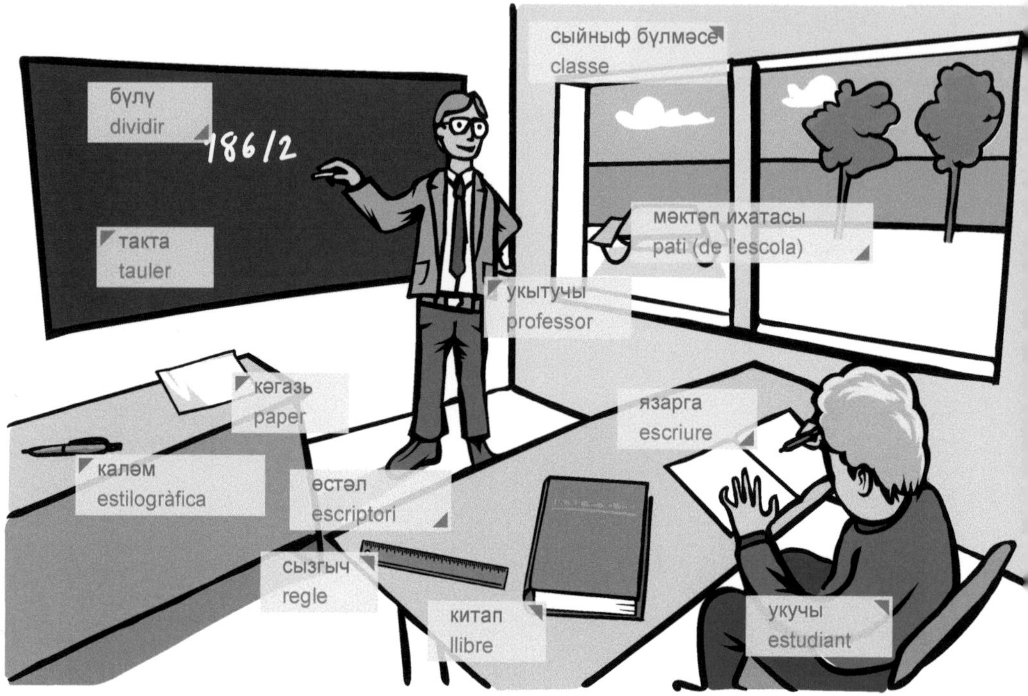

сыйныф бүлмәсе
classe
бүлү
dividir
186/2
такта
tauler
мәктәп ихатасы
pati (de l'escola)
укытучы
professor
кәгазь
paper
язарга
escriure
каләм
estilogràfica
өстәл
escriptori
сызгыч
regle
китап
llibre
укучы
estudiant


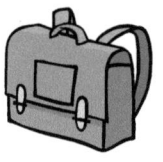

букча

bossa

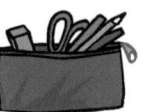

каләмдан

estoig

кырандаш

llapis

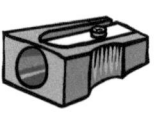

каләм очлагыч

maquineta de fer punta

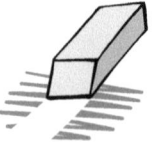

бетергеч

goma

рәсем дәфтәре

bloc de dibuix

рәсем

dibuix

пумала

pinzell

буяулар тартмасы

capsa de pintures

кайчы

tisores

җилем

cola

дәфтәр

quadern d'exercicis

өй эше

deures

**12**

сан

nombre

**2+2**

кушу

afegir

**5-2**

алу

sostreure

**2×2**

тапкырлау

multiplicar

исәпләү

calcular

**A**

хәреф

lletra

ABCDEFG
HIJKLMN
OPQRSTU
VWXYZ

әлифба

alfabet

**hello**

сүз

mot

текст

text

укырга

llegir

акбур

guix

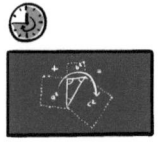

дәрес

lliçó

сыйныф журналы

llibre de classe

имтихан

examen

сертификат

certificat

мәктәп формасы

uniforme escolar

мәгариф

formació

энциклопедия

enciclopèdia

университет

universitat

микроскоп

microscopi

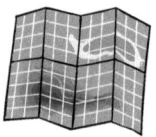

харита

mapa

чүп кәгазь чиләге

paperera

# сәяхәт
## viatge

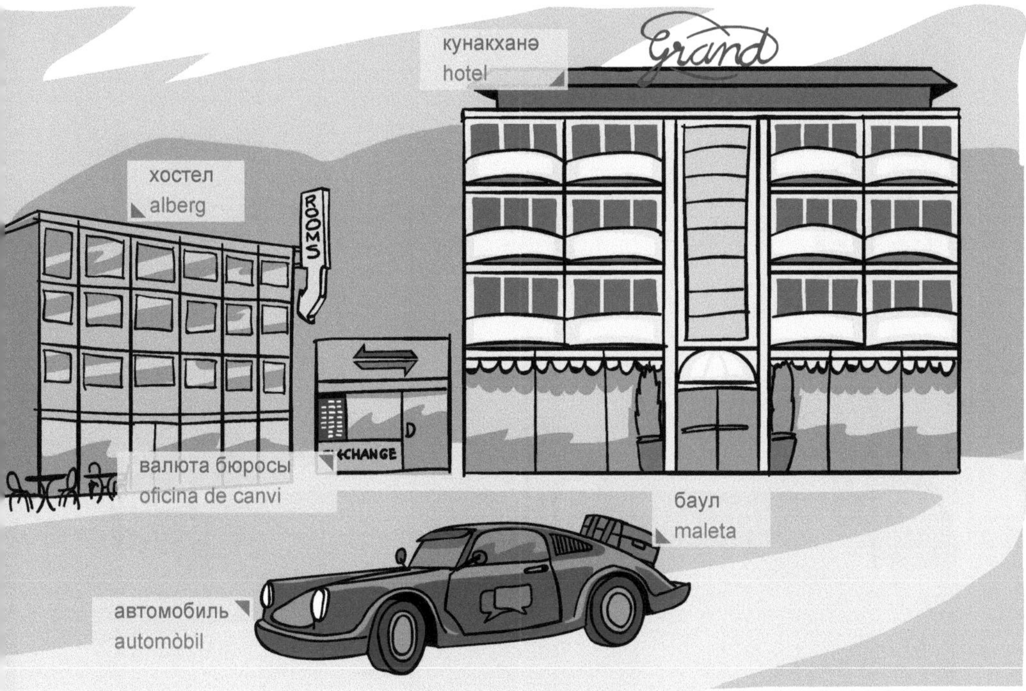
кунакханә
hotel
Grand
хостел
alberg
ROOMS
EXCHANGE
валюта бюросы
oficina de canvi
баул
maleta
автомобиль
automòbil

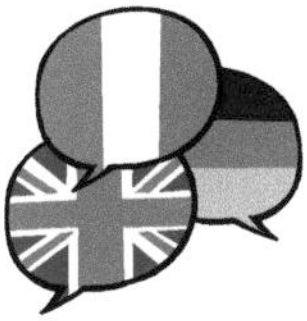

тел

llengua

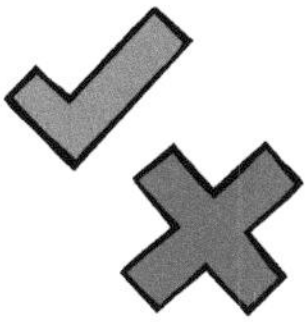

әйе / юк

sí / no

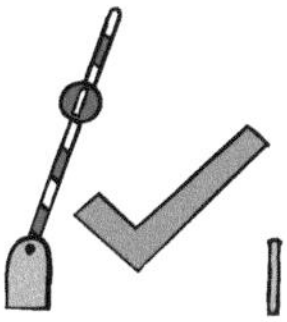

ярар

D'acord

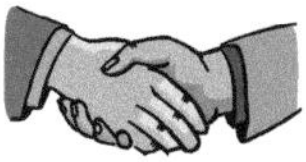

исәнмесез

Ey!

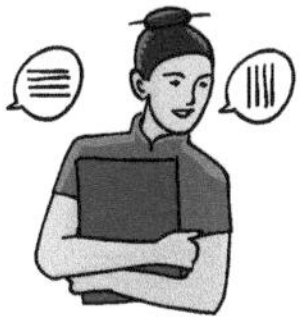

тәрҗемәче

traductora

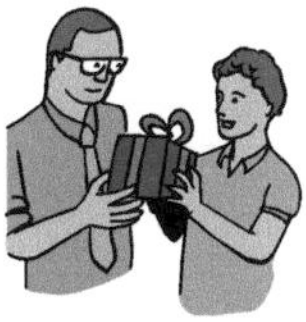

Рәхмәт

gràcies

... күпме тора?

Quant costa... ?

мин аңламыйм

No entenc

проблем

problema

Хәерле кич!

Bona nit!

Хәерле иртә!

bon dia!

Тыныч йокы!

bona nit!

сау булыгыз

fins aviat

юнәлеш

direcció

багаж

bagatge

букча

bossa

биштәр

sarrona

кунак

convidat

бүлмә

cambra

йокы капчыгы

sac de dormir

чатыр

tenda

турист мәгълүматы

oficina de turisme

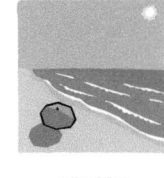

комсал

platja

кредит кәрте

carta de crèdit

иртәнге аш

esmorzar

төшлек

dinar

кичке аш

sopar

билет

bitllet

лифт

ascensor

марка

segell

чик

frontera

тамгаханә

duana

илчелек

ambaixada

виза

visat

паспорт

passaport

# транспорт

# transport

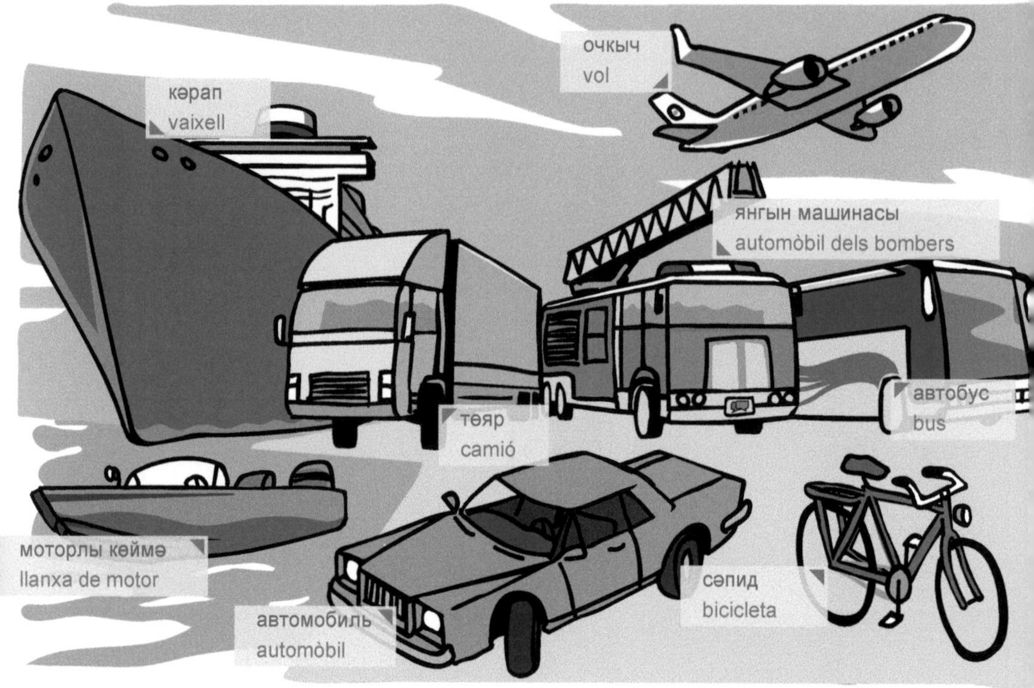

очкыч
vol
кәрап
vaixell
янгын машинасы
automòbil dels bombers
автобус
bus
төяр
camió
моторлы көймә
llanxa de motor
сәпид
bicicleta
автомобиль
automòbil


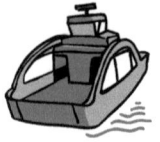

борам

transbordador

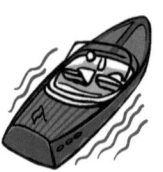

көймә

barca

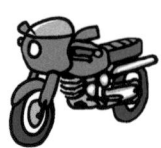

мотоцикл

moto

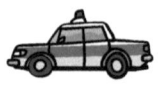

полиция машинасы

automòbil de policia

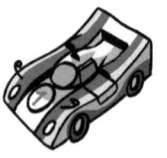

узыш машинасы

automòbil de curses

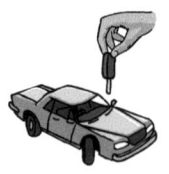

киралык машина

automòbil de lloguer

каршеринг

vehicle compartit

тартучы

grua

чүп төяре

camió de les escombraries

мотор

motor

ягулык

benzina

бензинлек

benzineria

трафик билгесе

senyal de trànsit

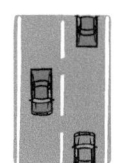

хәрәкәт

trànsit

бөке

embús

паркинг

aparcament

вокзал

estació de trens

рельс

vies

поезд

tren

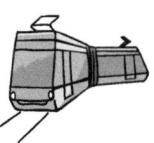

трамвай

tramvia

вагон

vagó

боралак

helicòpter

hава аланы

aeroport

манара

torre

юлчы

passatger

контейнер

contenidor

алап

capsa de cartó

йөк арбасы

carretó

сәбәт

cistella

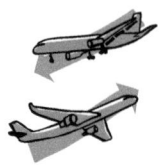

калку / төшү

enlairar-se / aterrar

## шәһәр

## ciutat

авыл

poble

шәһәр үзәге

centre de la ciutat

йорт

casa

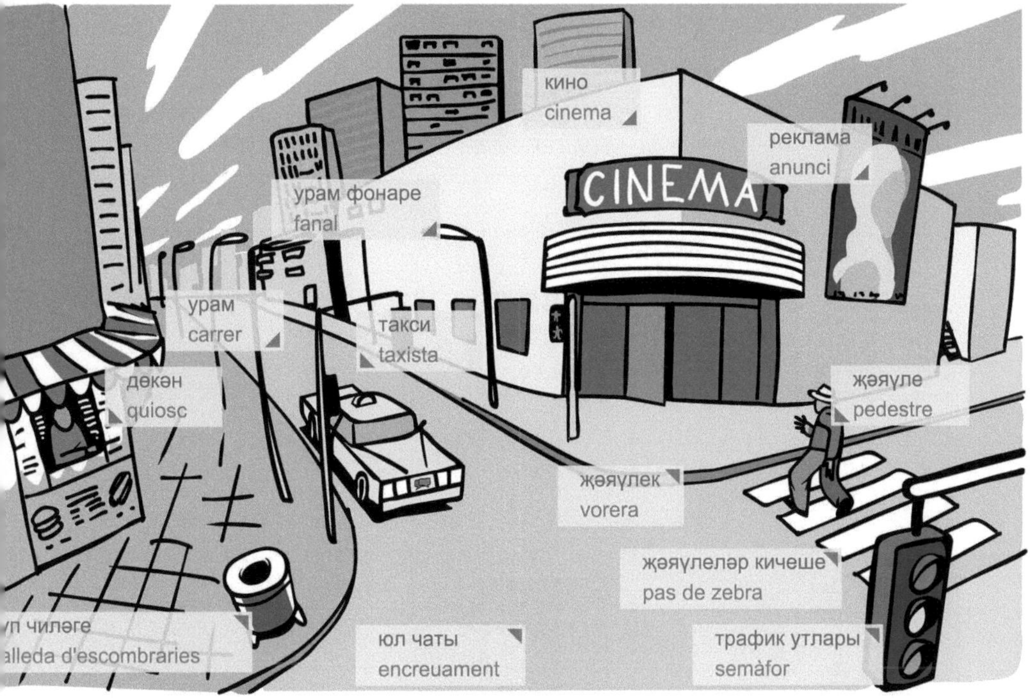

кино
cinema

реклама
anunci

урам фонаре
fanal

CINEMA

урам
carrer

такси
taxista

дөкән
quiosc

җәяүле
pedestre

җәяүлек
vorera

җәяүлеләр кичеше
pas de zebra

уп чиләге
alleda d'escombraries

юл чаты
encreuament

трафик утлары
semàfor

алачык

cabana

фатир

apartament

вокзал

estació de trens

шәһәр хакимияте

casa de la vila-ciutat

ядкәрханә

museu

мәктәп

escola

университет

universitat

банк

banca

хастаханә

hospital

кунакхана

hotel

даруханә

farmàcia

офис

oficina

китап кибете

llibreria

кибет

botiga

чәчәк кибете

floristeria

супермаркет

supermercat

базар

mercat

зур кибет

gran magatzem

балык кибете

peixateria

сәүдә үзәге

centre comercial

лиман

port

парк

parc

эскэмия

banc

күпер

pont

баскыч

escala

метро

metro

тоннель

túnel

автобус тукталышы

parada d'autobús

бар

bar

ресторан

restaurant

ямыл тартмасы

bústia de correu

урам билгесе

senyal indicador

паркинг санагычы

parquímetre

хайван бакчасы

zoo

хәвезханә

piscina

мәчет

mesquita

ферма

granja

керлелек

pol·lució

зират

cementiri

чиркәү

església

уен аланы

parc infantil

гыйбадәтханә

temple

# тирә-юнь

## paisatge

яфрак
fulla

юл күрсәткече
cartell indicador

юл
camí

болын
prat

таш
pedra

агач
arbre

йөрешче
excursionista

елга
riu

үлән
gespa

чәчәк
flor

үзән

vall

калкулык

muntanya

күл

llac

урман

bosc

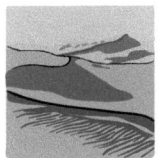

чүл

desert

янартау

volcà

ныгытма

castell

салават күпере

arc de Sant Martí

гөмбә

bolet

пальма

palmera

черки

moscard

чебен

mosca

кырмыска

formiga

бал корты

abella

үрмәкүч

aranya

коңгыз

escarabat

бака

granota

тиен

esquirol

керпе

eriçó

куян

llebre

ябалак

òliba

кош

ocell

аккош

cigne

кабан дуңгызы

senglar

болан

cervo

пошый

ant

туан

presa

җир турбины

turbina

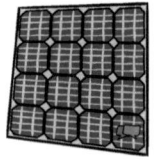

кояш панеле

panell solar

икълим

clima

табынчы
cambrer

сайлак
menú

урындык
cadira

аш
sopa

пицца
pizza

чәнечке-пычак такымы
coberts

ашъяулык
tovalla

кабымлык

primer plat

төп ашамлык

plat principal

татлы

darreries

эчемлекләр

begudes

азык

menjar

шешә

ampolla

фастфуд

menjar ràpid

урам ризыгы

menjar de carrer

чәйгүн

tetera

шикәр савыты

sucrer

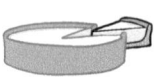

салым

porció

эспрессо машины

màquina d'espresso

биек урындык

trona

хисап

factura

төгер

plata

пычак

ganivet

чәнечке

forqueta

кашык

cullera

чәй кашыгы

cullereta

тастымал

tovalló

тустаган

got

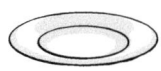

табак
........................
plat

аш табагы
........................
plat de sopa

җәйпәк
........................
plateret

соус
........................
salsa

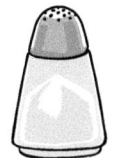

тоз савыты
........................
saler

борыч тегермәне
........................
molinet de pebre

серкә
........................
vinagre

сыек май
........................
oli

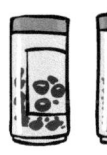

тәмләткеч
........................
espècies

кетчуп
........................
quètxup

хәрдәл
........................
mostassa

майонез
........................
maionesa

# супермаркет

## supermercat

махсус тәкъдим
oferta especial
FOR
сатып алучы
client
сөт эшләнмәләре
productes lactis
җимеш
fruites
кибет арбасы
carret de la compra

BUTCHERS

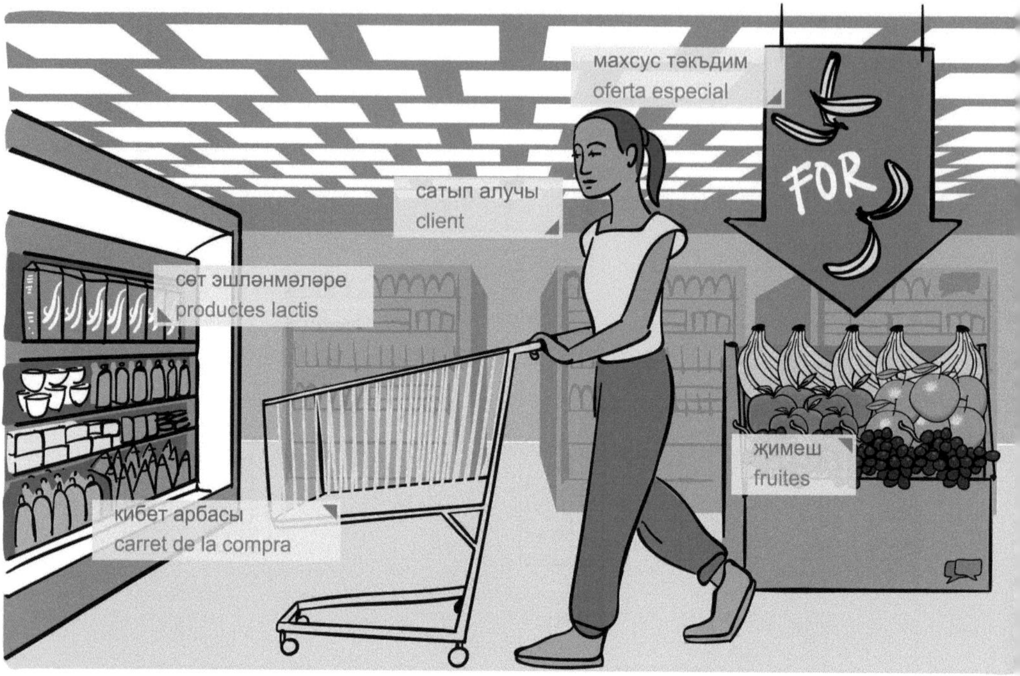

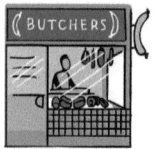

ит кибете

carnisseria

BAKERY

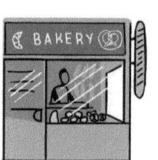

икмәкханә

forn de pa

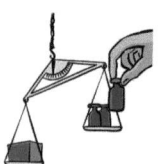

үлчәү

pesar

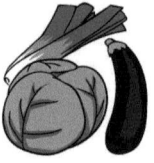

яшелчә

verdures

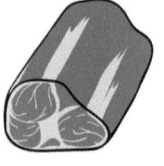

ит

carn

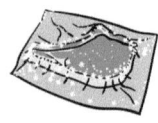

туңдырылган ашамлыклар

menjar congelat

суык ит

carn freda

кэнсирләнгән ашамлык

conserves

кер юу порошогы

detergent en pols

шикәрләмәләр

dolços

өй эшләнмәләре

articles domèstics

тәмизлек эшләнмәләре

productes de neteja

сатучы

venedora

язучы касса

caixa registradora

кассир

caixera

сатып алу исемлеге

llista de la compra

эш вакыты

horari d'obertura

калта

portamonedes

кредит кәрте

carta de crèdit

букча

bossa

пластик капчык

bossa de plàstic

су

aigua

сут

suc

сөт

llet

кола

coca-cola

шәраб

vi

сыра

cervesa

хәмер

alcohol

какао

cacau

чәй

te

кាһвә

cafè

эспрессо

espresso

капучино

cappuccino

банан

banana

алма

poma

әфлисун

taronja

карбыз

síndria

лимон

llimona

кишер

pastanaga

сарымсак

all

бамбук

bambú

суган

ceba

гөмбә

bolet

чикләвекләр

avellanes

токмач

fideus

спагетти

espaguetis

дөге

arròs

салат

amanida

чипсы

patates fregides

кыздырылган бәрәңге

patates fregides

пицца

pizza

гамбургер

hamburguesa

сэндвич

entrepà

кәтлит

escalopa

ветчина

cuixot

салями

salami

сосиска

salsitxa

тавык

pollastre

кыздырма

rostit

балык

peix

солы измәсе
..............
flocs de civada

мюсли
..............
musli

мәккәй кетердеге
..............
cereals

он
..............
farina

круассан
..............
croissant

ипи түгәрәге
..............
panet

икмәк
..............
pa

тост
..............
torrada

кәтәрмәч
..............
bescuits

май
..............
mantega

эремчек
..............
mató

кейк
..............
pastís

йомырка
..............
ou

тәбә
..............
ou fregit

сыр
..............
formatge

азык - menjar

туңдырма

gelat

шикәр

sucre

бал

mel

кайнатма

melmelada

шоколад измәсе

crema de xocolata

карри

curri

# ферма
## granja

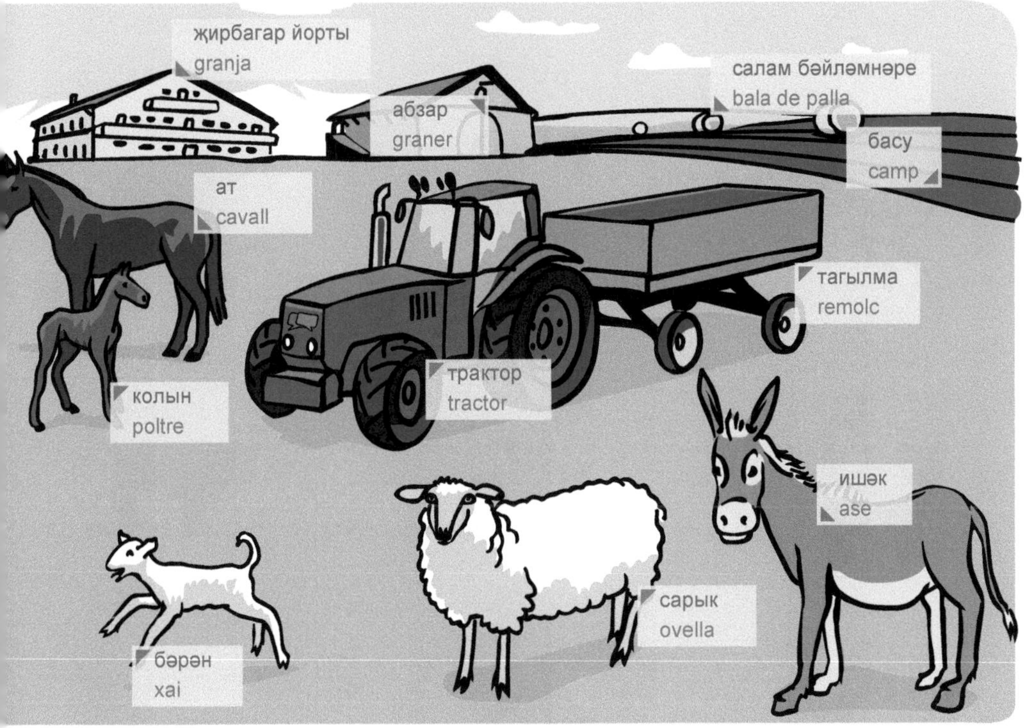
җирбагар йорты
granja
абзар
graner
салам бәйләмнәре
bala de palla
басу
camp
ат
cavall
тагылма
remolc
трактор
tractor
колын
poltre
ишәк
ase
сарык
ovella
бәрән
xai

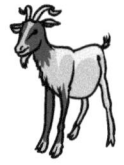

кәҗә
cabra

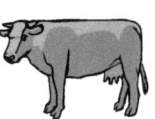

сыер
vaca

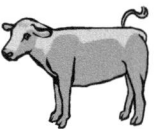

бозау
vedella

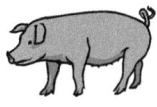

дуңгыз
porc

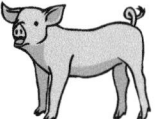

дуңгыз баласы
garrí

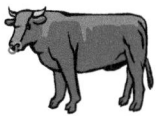

үгез
bou

каз
oca

үрдәк
ànec

чеби
poll

тавык
gall

әтәч
gallina

күсе
rata

песи
gat

тычкан
ratolí

эш үгезе
bou

эт
gos

эт оясы
gossera

бакча хортумы
mànega de regar

сусипкеч
regadora

чалгы
dalla

сабан
arada

урак

falç

китмән

aixada

сәнәк

forca

балта

destral

кул арбасы

carretó

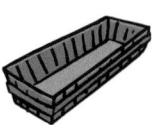

тагарак

abeurador

сөт чиләге

lletera

капчык

sac

койма

tanca

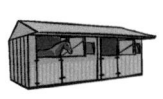

абзар

establa

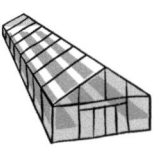

эссеханә

hivernacle

туфрак

sòl

орлык

llavor

ашлама

adob

комбайн

collidora

уңыш җыярга

collir

уңыш

collita

ям

nyam

бодай

blat

соя

soja

бәрәңге

patata

мәккәй

blat de moro o d'indi

рапс

colza

җимеш агачы

arbre fruiter

маниок

mandioca

бөртеклеләр

cereals

# йорт

## casa

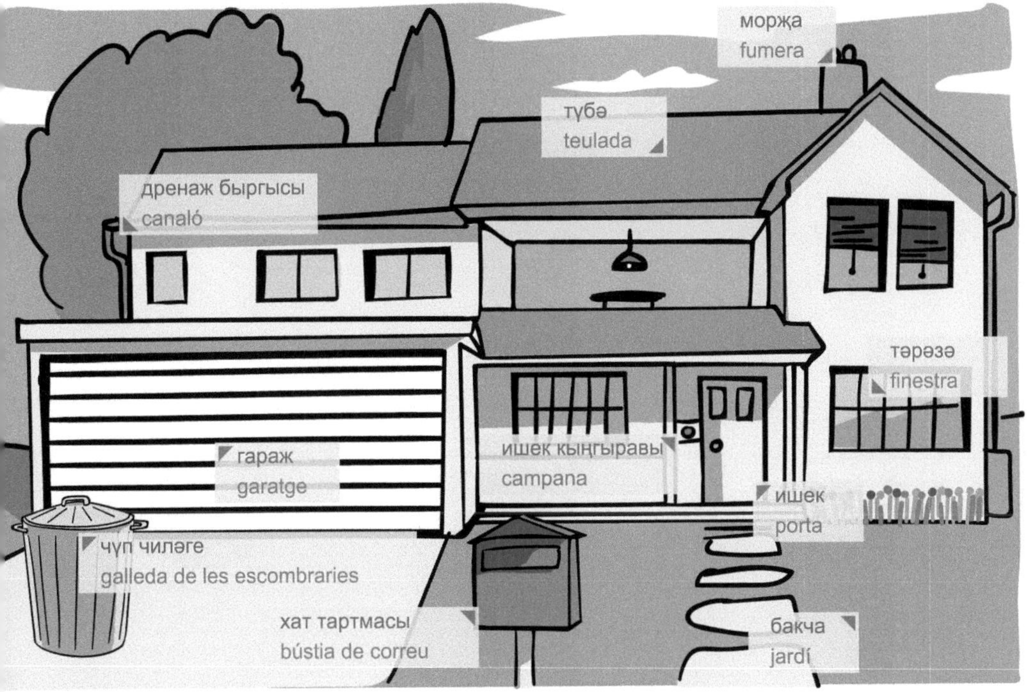

моржа
fumera
түбә
teulada
дренаж быргысы
canaló
тәрәзә
finestra
гараж
garatge
ишек кыңгыравы
campana
ишек
porta
чүп чиләге
galleda de les escombraries
хат тартмасы
bústia de correu
бакча
jardí


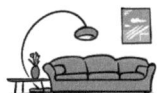

кунак бүлмәсе

sala d'estar

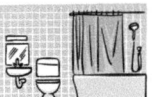

юыну бүлмәсе

bany

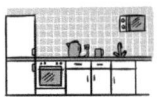

аш бүлмәсе

cuina

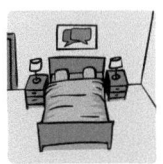

ятак бүлмәсе

cambra de dormir

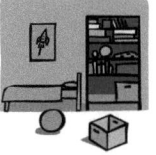

бала бүлмәсе

cambra de nen

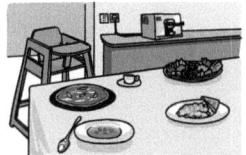

аш бүлмәсе

menjador

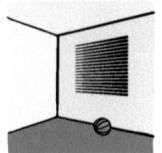

идән

sòl

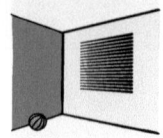

дивар

paret

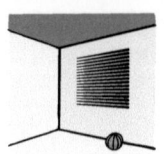

түшәм

sostre

түлә

soterrani

сауна

sauna

балкон

balcó

терраса

terrassa

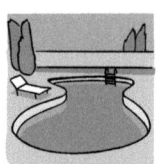

хәвез

piscina

чирәмчапкыч

tallagespa

җәймә

vànova

ятак япмасы

cobrellit

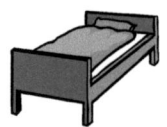

ятак

llit

себерке

escombra

чиләк

galleda

өзгеч

interruptor

# кунак бүлмәсе

## sala d'estar

дивар кәгазе
paper de paret
räsem
quadre
лампа
làmpada
киштә
prestatge
дулап
armari
телевизия
televisor
чуал
escalfapanxes
чәчәк
flor
мендәр
coixí
диван
sofà
нәлбәк
gerro
ерактан боерма
telecomanda

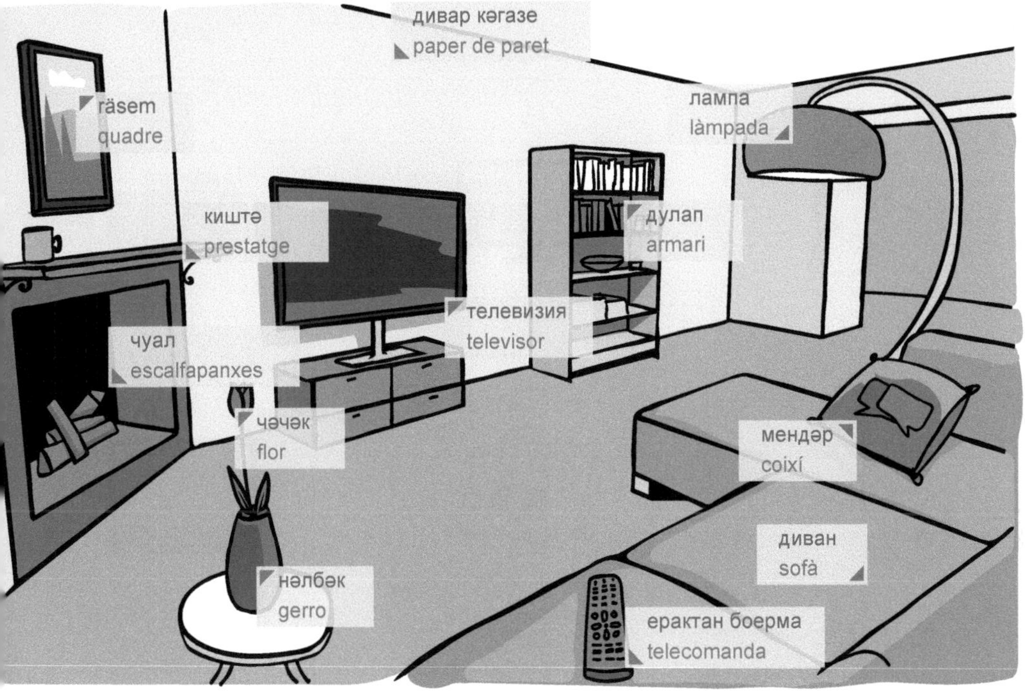

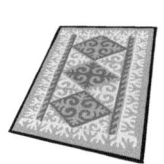

келәм

catifa

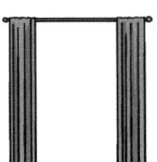

пәрдә

cortina

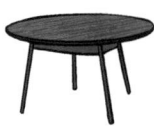

өстәл

taula

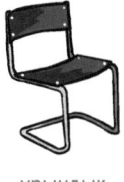

урындык

cadira

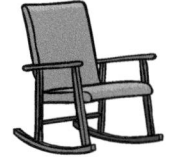

тирбәлмә урындык

cadira gronxadora

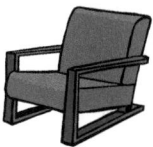

кәнәфи

cadiral

китап

llibre

япма

llençol

декор

decoració

утын

llenya

фильм

film

hi-fi

cadena de música

ачкыч

clau

гәҗит

diari

сурәт

pintura

постер

cartell

радио

ràdio

куен дәфтәре

bloc de notes

тузансуыргыч

aspiradora

кактус

cactus

шәм

candela

# аш бүлмәсе
# cuina

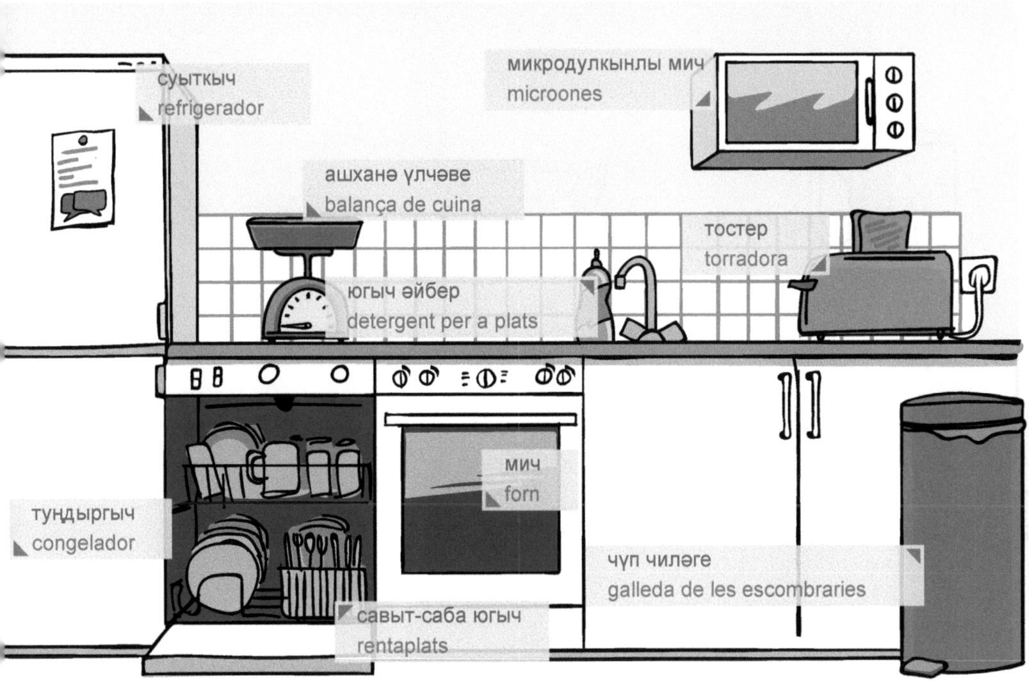

суыткыч
refrigerador
микродулкынлы мич
microones
ашханә үлчәве
balança de cuina
тостер
torradora
югыч әйбер
detergent per a plats
мич
forn
туңдыргыч
congelador
чүп чиләге
galleda de les escombraries
савыт-саба югыч
rentaplats


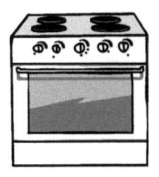

әүсәк

cuina de fogons

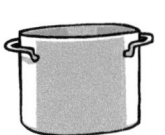

саган

olla

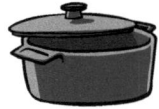

чуен саган

olla de ferro colat

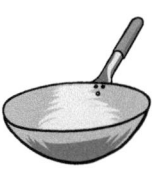

вок

wok / karahi

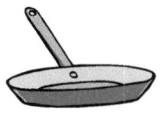

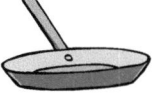

таба

paella

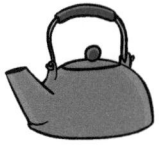

чәйгүн

bullidor

булы пешергеч

olla de vapor

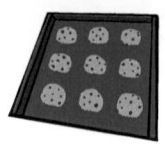

калай

plata de forn

савыт-саба

vaixella

тәгәч

tassa grossa

касә

bol

ашау таякчыклары

bastonets xinesos

уҗау

culler

спатула

espàtula

туглагыч

batedor

сөзгеч

colador

иләк

sedàs

кыргыч

ratllador

киле

morter

барбекю

barbacoa

ачык учак

foc a terra

такта

taula de tallar

уклау

corró

бөке суыргыч

llevataps

металл тартма

pot de conserva

кәнсир ачкыч

obridor

мич бияләе

agafador

киршән

aigüera

фырча

raspall

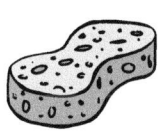

болыт

esponja

блендер

batedora

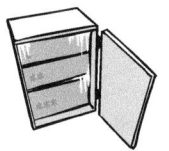

тирән туңдыргыч

congelador

имезлекле шешә

biberó

чөмәк

aixeta

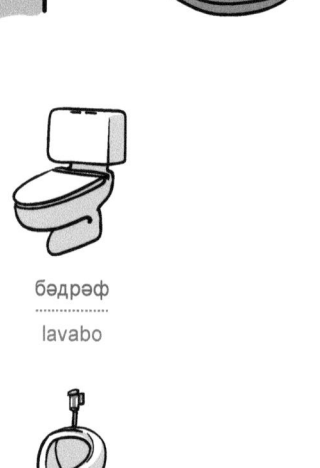

# юыну бүлмәсе

# bany

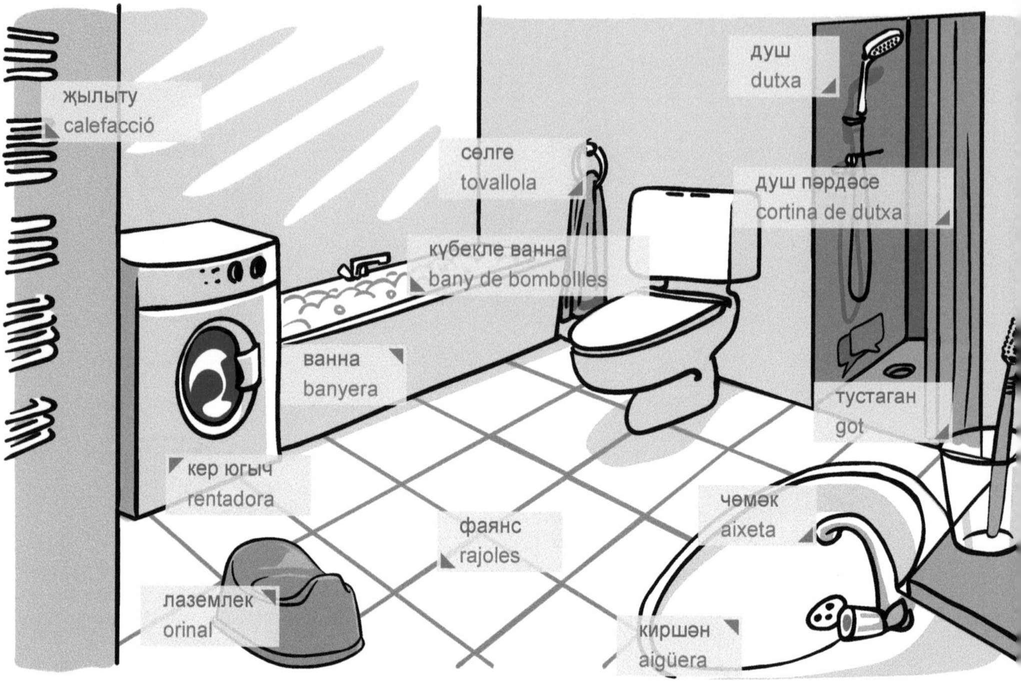

душ
dutxa
җылыту
calefacció
сөлге
tovallola
душ пәрдәсе
cortina de dutxa
күбекле ванна
bany de bombolles
ванна
banyera
тустаган
got
кер югыч
rentadora
чөмәк
aixeta
фаянс
rajoles
лаземлек
orinal
киршән
aigüera


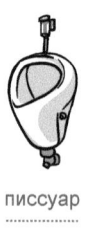

бәдрәф

lavabo

төрекчә бәдрәф

lavabo turc

биде

bidet

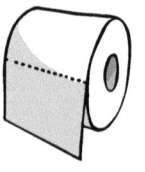

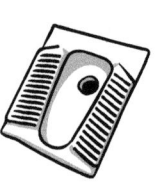

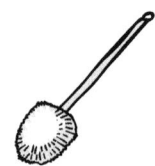

писсуар

orinador

бәдрәф кәгазе

paper higiènic

бәдрәф фырчасы

escombreta de sanitari

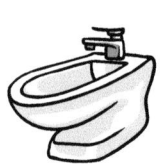

**теш фырчасы**

raspall de dents

**теш мәгъжүне**

pasta de dents

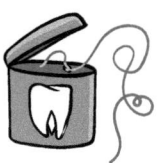

**теш жебе**

fil dental

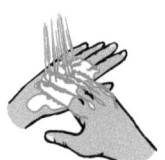

**юарга**

rentar

**душ башлыгы**

pom de dutxa

**душ**

dutxa íntima

**киршән**

rentamans

**арка фырчасы**

raspall per a l'esquena

**сабын**

sabó

**душ сеңәле**

gel de dutxa

**шампунь**

xampú

**мунчала**

manyopla de bany

**агым**

bonera

**крем**

crema

**дезодорант**

desodorant

юыну бүлмәсе - bany

көзге

mirall

кул көзгесе

mirall-espill de mà

өстәрә

maquineta de rasar

кырыну күбеге

espuma de barbejar

кырыну лосьоны

loció post-rasada

тарак

pinta

щётка

raspall

фен

eixugador

чәч спрее

laca

макияж

maquillatge

ирен иннеге

pintallavis

тырнак җәләсе

esmalt d'ungles

мамык

cotó

тырнак кайчысы

tallaungles

хушбуй

perfum

макияж букчасы

estoig de bellesa

утыргыч

tamboret

үлчәү

bàscula

чоба

barnús

резин иләсә

guants de goma

тампон

compresa higiènica

hигиеник пәд

compresa

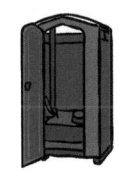

химияви бәдрәф

sanitari químic

# бала бүлмәсе
# cambra de nen

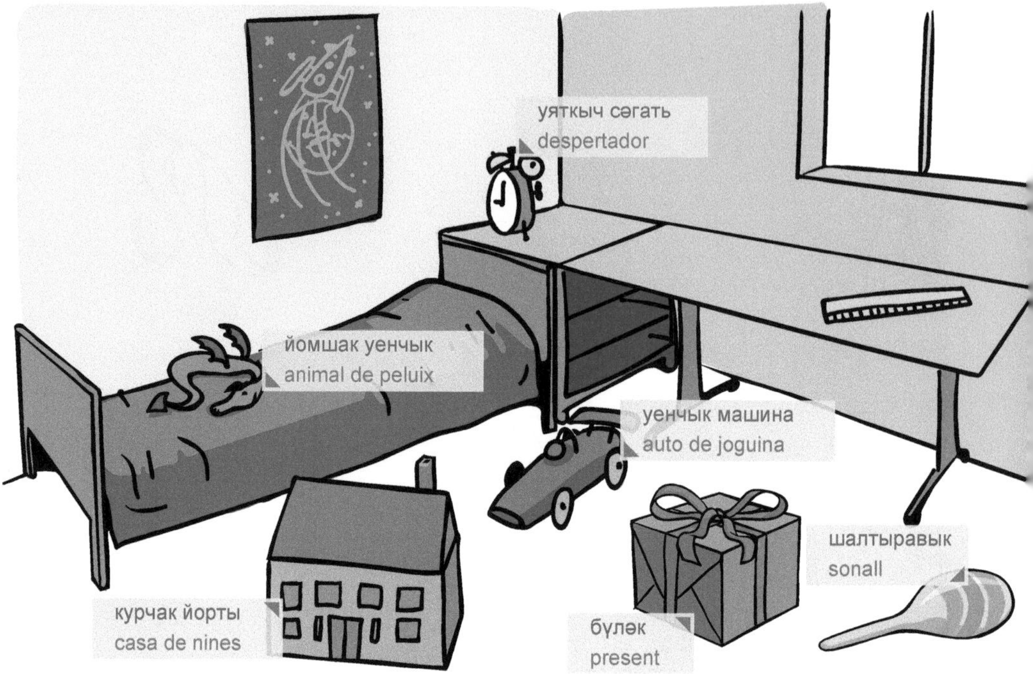
уяткыч сәгать
despertador
йомшак уенчык
animal de peluix
уенчык машина
auto de joguina
шалтыравык
sonall
курчак йорты
casa de nines
бүләк
present

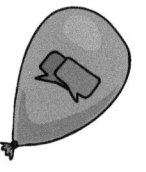

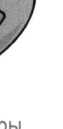

һава шары

baló

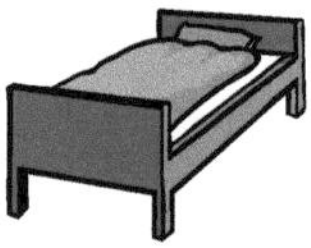

ятак

llit

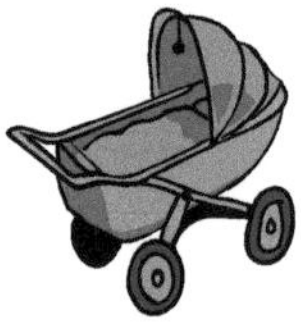

бәби арбасы

cotxet per a nens

кәрт дәстәсе

joc de cartes

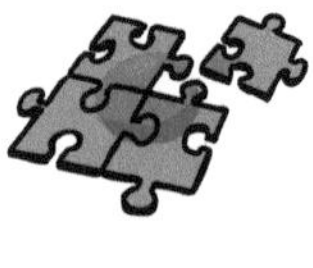

пазл

trencaclosca

SUPER
MEGA

комикс

historieta

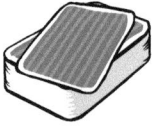

лего кирпечләре

peces de lego

шакмаклар

peces de construcció

уен сынчыгы

ninot d'acció

зыбын

granota

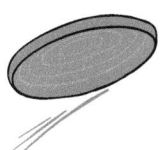

фрисби

frisbee

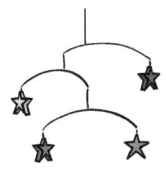

мобиль

mòbil per a bressol

өстәл уены

joc de taula

уен ташы

daus

поезд моделе җыелмасы

tren elèctric

имезлек

xumet

кичә

festa

рәсемле китап

llibre de dibuixos

туп

pilota

курчак

nina

уйнарга

jugar

комлык

sorrera

таган

gronxador

уенчыклар

joguines

уен кушмасы

consola de jocs de vídeo

өч көпчәкле сәпид

tricicle

уенчык аю

osset de peluix

кием дулабы

armari

## кием

## roba

оекбаш

mitjons

оек

mitges

оегыштан

mitja pantaló

шарф
tapacoll

каеш
cintura

кулчатыр
paraigua

футболка
camiseta

итек
botes

чәпәләй
plantofes

спорт аяк киеме
sabates d'esport

сандаллар
sandàlies

аяк киеме
sabates

резин итек
botes de goma

тәнбан
calçonets

түшти
sostenidor

җәләк
guardapits

боди

jjustacòs

чалбар

pantalons

джинс

jeans

итәк

faldeta

блузка

brusa

күлмәк

camisa

свитер

jersei

худи

dessuadora

блейзер

blazer

жакет

jaqueta

бишмәт

mantell

яңгырлык

impermeable

көчтүм

vestit de dona

күлмәк

vestit de dona

туй күлмәге

vestit de núvia

такым кием

vestit d'home

төнге күлмәк

camisa de dormir

пижама

pijama

сари

sari

яулык

mocador de cap

чалма

turbant

бурка

burca

чапан

caftan

абая

abaia

коену киеме

vestit de bany

йөзү тәнбаны

calçon(et)s de bany

шорт

pantalons curts

спорт киеме

xandall

алъяпкыч

davantal

илэсэ

guants

төймә

botó

күзлек

ulleres

беләзек

braçalet

муенса

collaret

балдак

anell

алка

orellera

көпәч

casquet

элгеч

penjador

эшләпә

capell

галстук

corbata

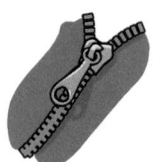

зынҗыр

cremallera

очлам

casc

чалбар асмасы

elàstics

мәктәп формасы

uniforme escolar

форма

uniforme

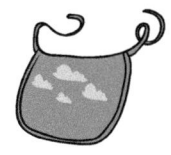

балалар күкрәкчәсе

pitet

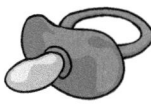

имезлек

xumet

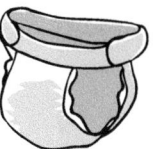

күзәлә

bolquer

# офис
# oficina

сервер
servidor
бума дулабы
armari arxivador
басак
impressora
кәгазь
paper
күрәк
monitor
тычкан
ratolí
өстәл
escriptori
бума
arxivador
төймәсар
teclat
чүп кәгазь чиләге
paperera
санак
ordinador
урындык
cadira


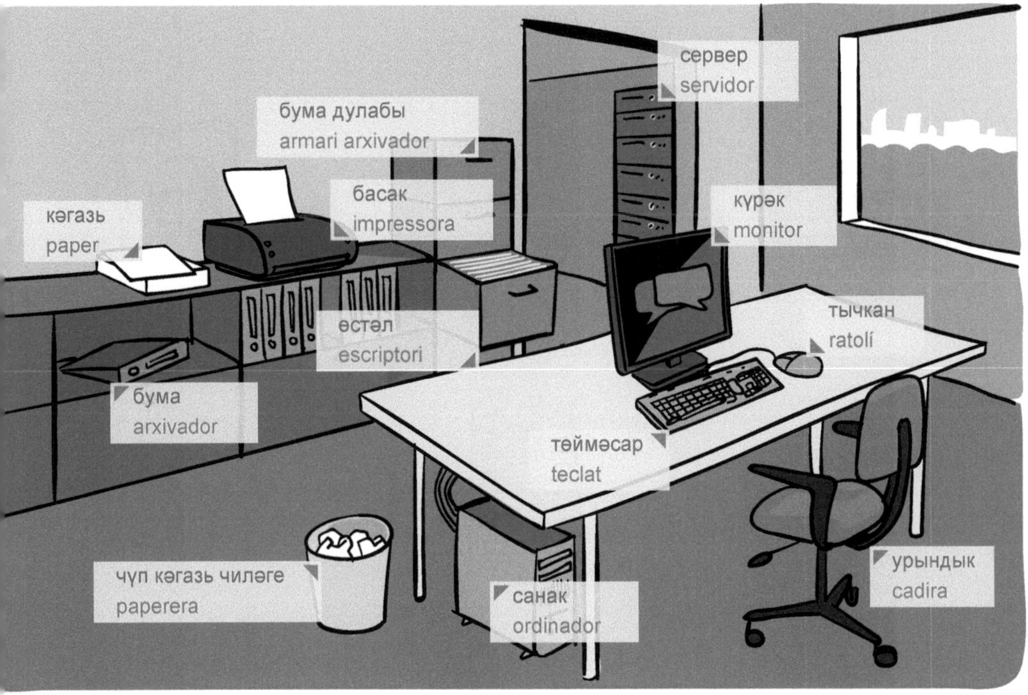

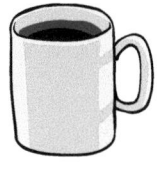

каһвә тәгәче

tassa de cafè

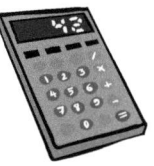

сансанар

calculadora

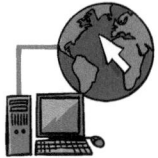

интернет

Internet

ләптоп

ordinador portàtil

хат

lletra

хәбәр

missatge

кесә телефоны

mòbil

челтәр

xarxa

фотокопияче

fotocopiadora

програм тәэминаты

programari

телефон

telèfon

аергыч

presa de corrent

факс

fax

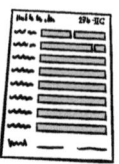

форм

formulari

документ

document

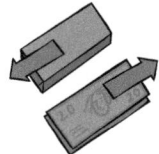

сатып алырга

comprar

түләргә

pagar

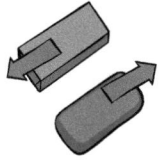

сәүдә итәргә

comerciar

акча

diners

доллар

dòlar

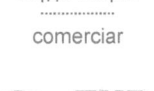

евро

euro

иена

ien

сум

ruble

франк

franc suís

юан

renminbi

рупи

rupia

банкомат

caixa automàtica

валюта бюросы

oficina de canvi

алтын

or

көмеш

argent

карамай

petroli

энергия

energia

бәя

preu

контракт

contracte

салым

impost

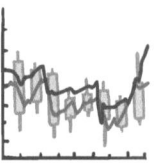

сток

acció

эшләргә

treballar

эшче

treballador

эш бирүче

empresari

фабрика

fàbrica

кибет

botiga

# hөнәрләр
# oficis

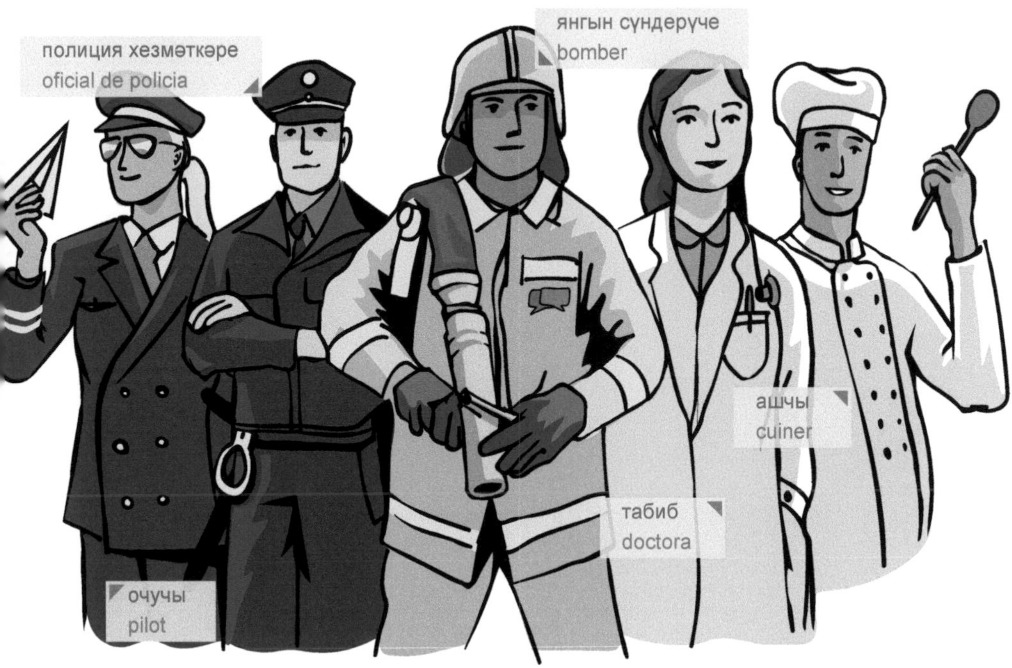

полиция хезмәткәре
oficial de policia
янгын сүндерүче
bomber
ашчы
cuiner
табиб
doctora
очучы
pilot


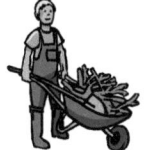

бакчачы
jardiner

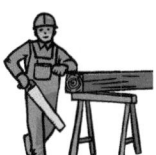

агач остасы
fuster

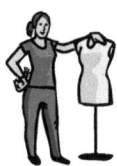

тегүче
costurera

хөкемче
jutge

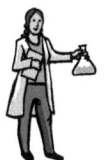

химияче
química

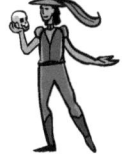

актер
actor

**автобус йөртүче**

conductor d'autobús

**таксиче**

taxista

**балыкчы**

pescador

**җыештыручы хатын**

dona de la neteja

**түбә ябучы**

ensostrador

**табынчы**

cambrer

**аучы**

caçador

**рәссам**

pintor

**икмәкче**

forner

**электрчы**

electricista

**төзүче**

obrer de la construcció

**мөһәндис**

enginyer

**итче**

carnisser

**чөмәкче**

llanterner

**ямылчы**

correu

**гаскәри**

soldat

**мигъмар**

arquitecte

**кассир**

caixera

**чәчәкче**

florista

**чәчтараш**

perruquer

**кондуктор**

revisor

**механик**

mecànic

**капитан**

capità

**теш табибы**

dentista

**галим**

científic

**раввин**

rabí

**имам**

imam

**кәшиш**

monjo

**рухани**

capellà

# аләтләр

# eines

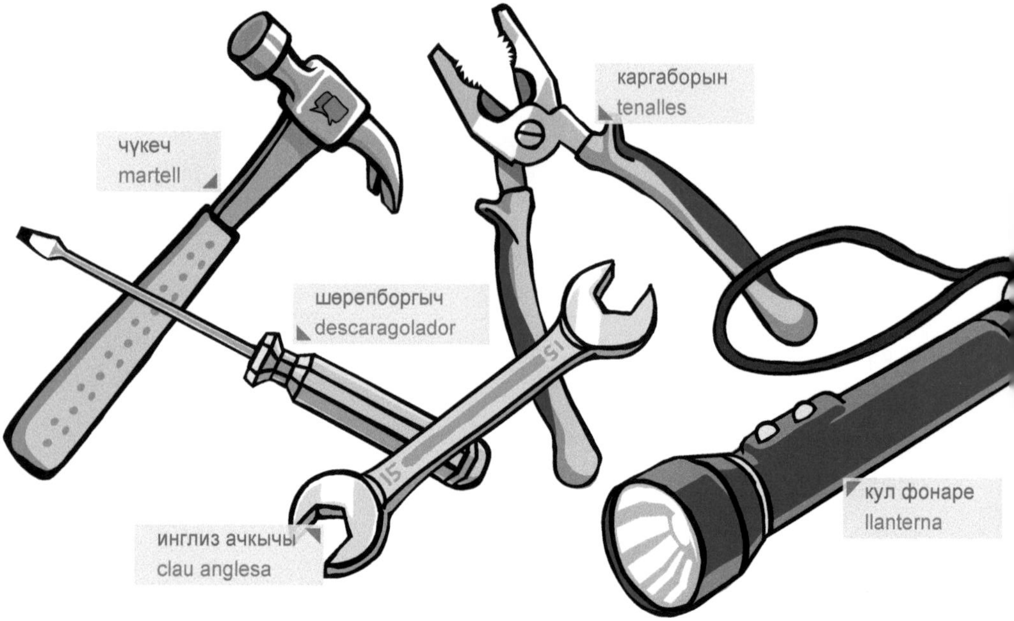
чүкеч
martell
каргаборын
tenalles
шөрепборгыч
descaragolador
инглиз ачкычы
clau anglesa
кул фонаре
llanterna

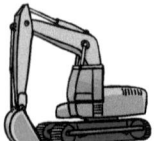

казу машинасы

excavadora

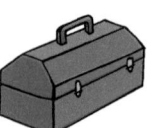

аләт букчасы

caixa d'eines

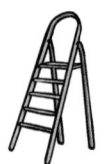

баскыч

escala

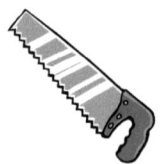

пычкы

serra

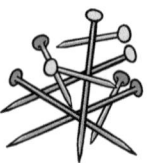

кадаклар

claus

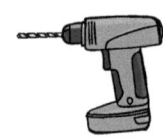

дрель

trepant

төзәтергә

reparar

көрәк

pala

Шайтан алгыры!

Maleït siga!

соскы

pala

буяу савыты

pot de pintura

мыклар

caragols

## музыка аләтләре
## instrument de música

давылбаз такымы
bateria

тавыш көчәйткеч
altaveu

гитара
guitarra

контрабас
contrabaix

быргы
trompeta

пианино

piano

кәман

violí

бас-гитара

baix

тимпани

timbal

давылбаз

tambor

төймәсар

teclat

саксофон

saxofon

флейта

flauta

микрофон

micròfon

керу
entrada

юлбарыс
tigre

читлек
gàbia

зебра
zebra

терлек азыгы
aliment per a animals

панда
ós panda

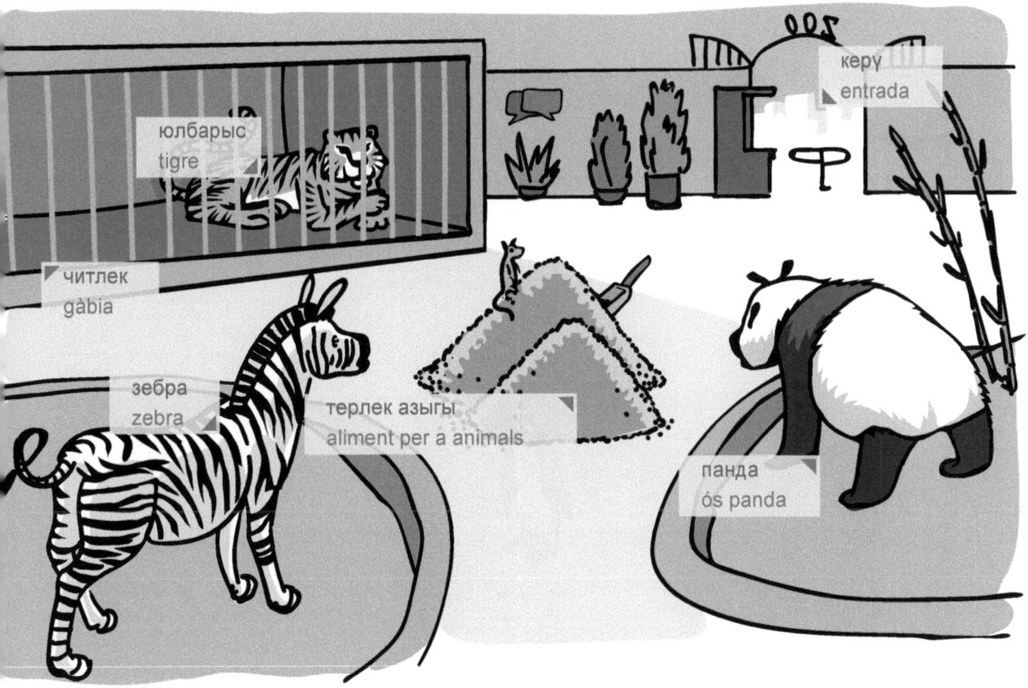

хайваннар

animals

фил

elefant

кәнгерә

cangurú

кәркәдән

rinoceront

горилла

goril·la

аю

ós

дөя

camell

төвө кошы

estruç

арыслан

lleó

маймыл

simi

фламинго

flamenc

тутый кош

papagai

ак аю

ós polar

пингвин

pingüí

күпек балыгы

ca mari

тавис

paó

елан

serp

тимсах

cocodril

хайван бакчасы
хезмәткәре
guardià del zoo

су эте

foca

ягуар

jaguar

пони

poni

каплан

lleopard

су айгыры

hipopòtam

зөрәфә

girafa

бөркет

àliga

кабан дуңгызы

senglar

балык

peix

ташбака

tortuga

морж

morsa

төлке

guineu

газәл

gasela

Америка футболы
futbol americà

сәпид
ciclisme

теннис
tenis

баскетбол
bàsquet

йөзү
natació

бокс
boxa

хоккей
hoquei sobre gel

футбол
................
futbol americà

бадминтон
................
bàdminton

атлетика
................
atletisme

гандбол
................
handbol

чаңгы
................
esquí

поло
................
polo

# иткенлекләр
# activitats

сикерергә
saltar
кочакларга
abraçar
көләргә
riure
йөрергә
anar
җырларга
cantar
хыялланырга
somiar
гыйбадәт кылырга
pregar
үбәргә
fer un petó


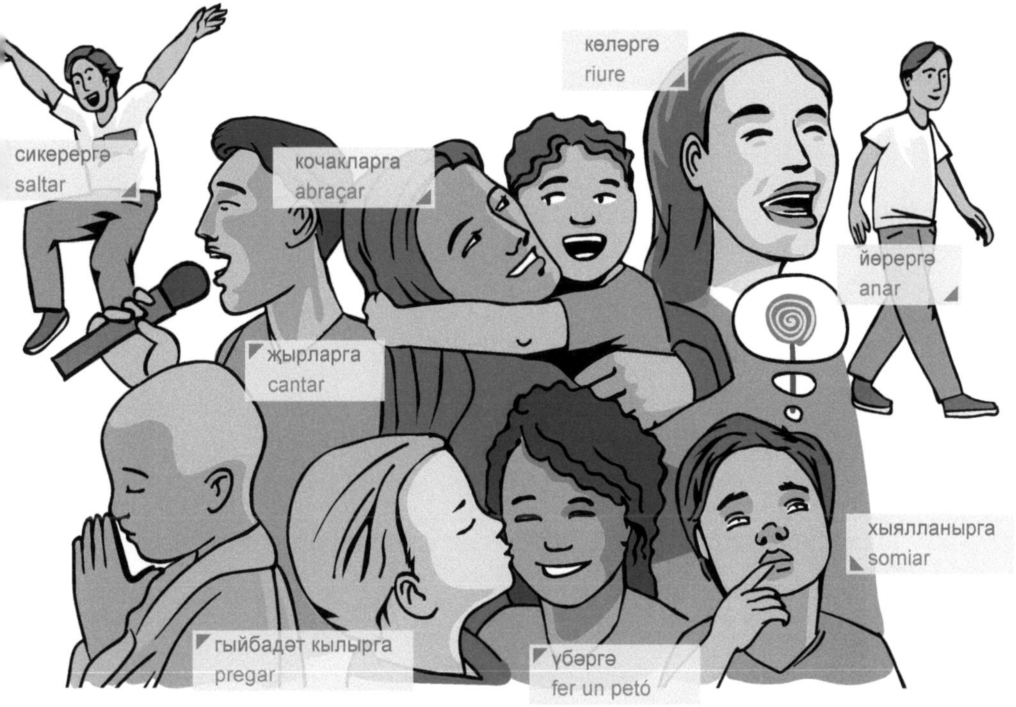

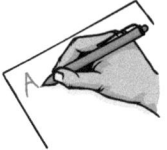

язарга

escriure

рәсем ясарга

dibuixar

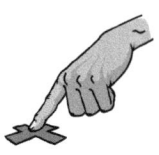

күрсәтергә

mostrar

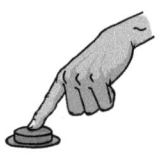

этәргә

pitjar

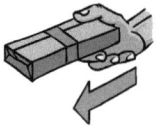

бирергә

donar

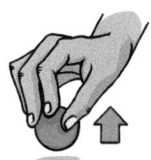

алырга

prendre

ия булырга

tenir

эшләргә

fer

булырга

ésser

басып торырга

estar dret

йөгерергә

córrer

тартырга

estirar

ташларга

llançar

егылырга

caure

ятарга

jeure

көтәргә

esperar

ташырга

portar

утырырга

asseure's

киенергә

vestir-se

йокларга

dormir

уянырга

despertar-se

карарга
mirar

еларга
plorar

сыйпарга
amoixar

тарарга
pentinar

сөйләшергә
parlar

аңларга
comprendre

сорарга
demanar

тыңларга
escoltar

эчәргә
beure

ашарга
menjar

җыештырынырга
endreçar

сөярга
estimar

пешерергә
cuinar

сөрергә
conduir

очарга
volar

диңгезгә ачылу

navegar

исәпләү

calcular

укырга

llegir

өйрәнергә

aprendre

эшләргә

treballar

өйләнергә

casar-se

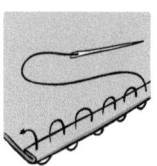

тегәргә

cosir

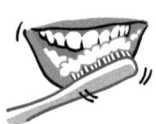

теш фырчаларга

raspallar-se les dents

үтерергә

matar

тәмәке тартырга

fumar

җибәрергә

enviar

# гаилә
# família

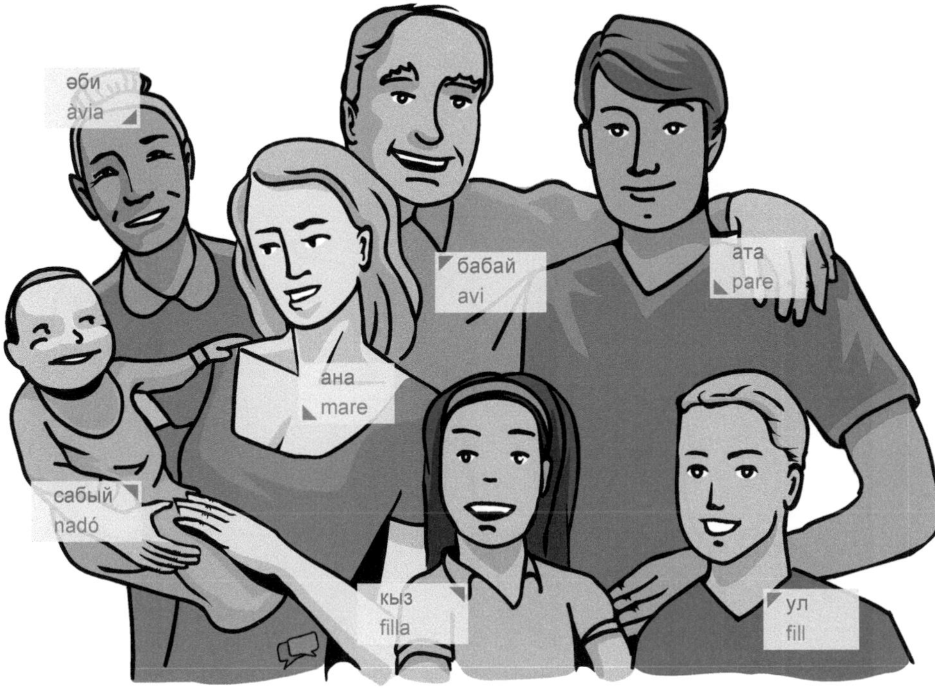

әби
àvia
бабай
avi
ата
pare
ана
mare
сабый
nadó
кыз
filla
ул
fill


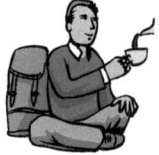

кунак
convidat

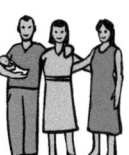

апа
tia

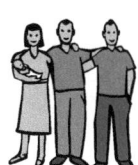

абый
oncle

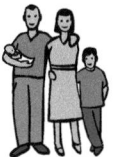

абый / эне
germà

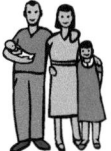

апа / сеңел
germana

маңгай
▶ front

күз
ull ◢

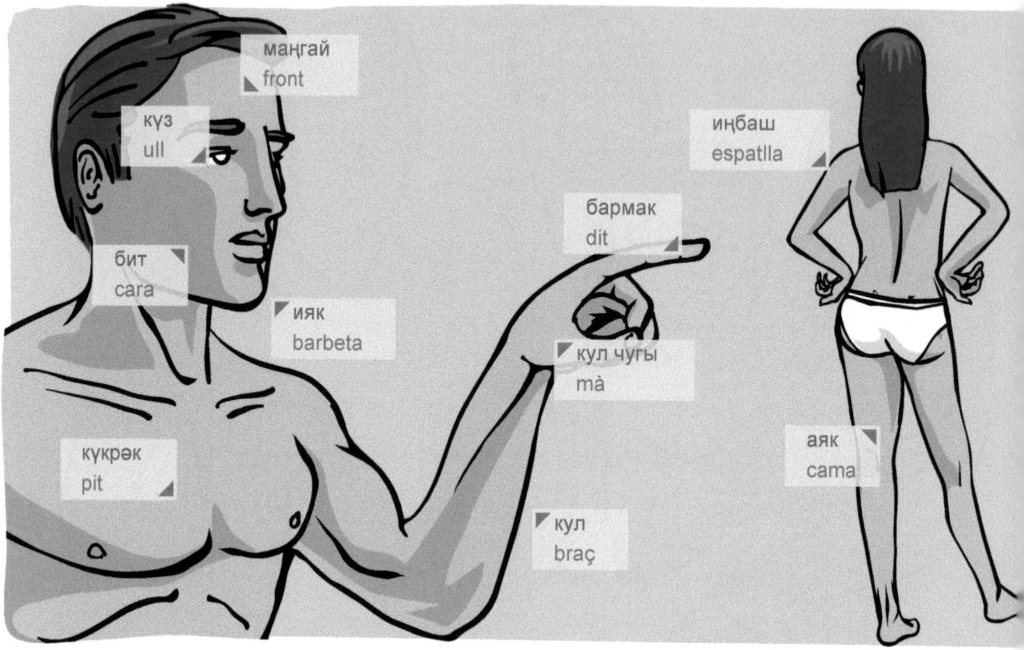

иңбаш
espatlla ◢

бармак
dit ▶

бит
caга ◥

ияк
▶ barbeta

кул чугы
mà

күкрәк
pit ◢

аяк
cama ◥

кул
braç

| | | |
|---|---|---|
|  | 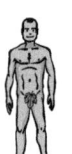 |  |
| сабый | ир | хатын |
| nadó | home | dona |
|  |  |  |
| кыз | малай | баш |
| noia | noi | cap |

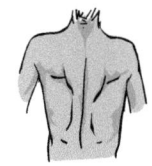

арка

esquena

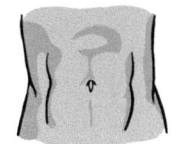

эч

panxa

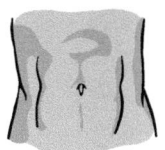

кендек

melic

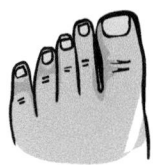

аяк бармагы

dit gros del peu

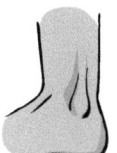

үкчә

taló

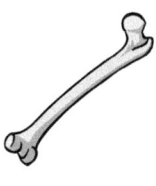

сөяк

os

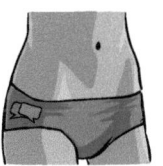

бот

maluc

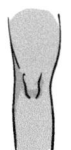

тез

genoll

терсәк

colze

борын

nas

арт сан

cul

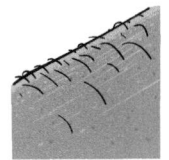

тире

pell

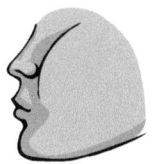

яңак

galta

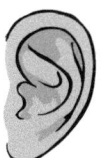

колак

orella

ирен

llavi

авыз

boca

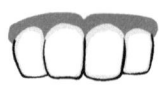

теш

dent

тел

llengua

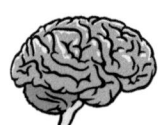

ми

cervell

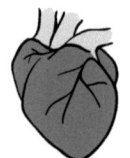

йөрәк

cor

газлә

múscul

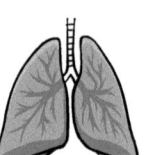

үпкә

pulmó

бавыр

fetge

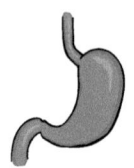

ашказаны

estómac

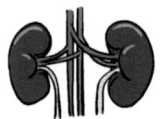

бөерләр

ronyó

секс

relació sexual

презерватив

preservatiu

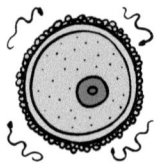

күкәй күзәнәк

ovari

мәни

semen

көмән

prenyat

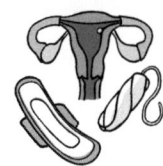

күрем

menstruació

вагина

vagina

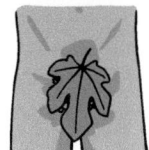

пенис

penis

каш

cella

чәчләр

cabells

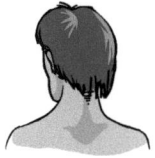

муен

coll

# хастаханә

# hospital

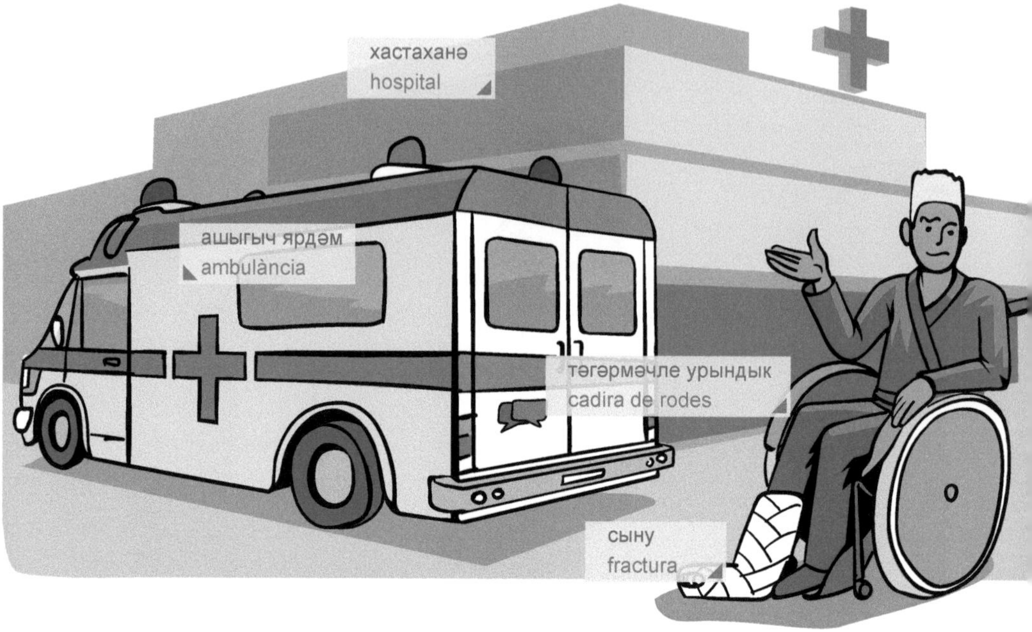

хастаханә
hospital
ашыгыч ярдәм
ambulància
тәгәрмәчле урындык
cadira de rodes
сыну
fractura

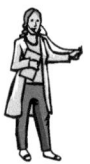

табиб

doctora

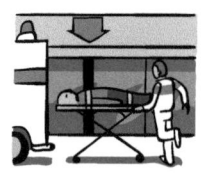

ашыгыч ярдәм бүлмәсе

sala d'urgències

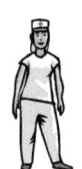

шәфкать туташы

infermera

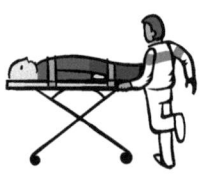

кичектергесез хәл

urgència

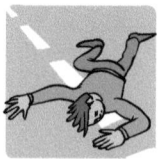

аңсыз

inconscient

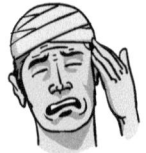

авырту

dolor

жәрәхәтләнү

ferida

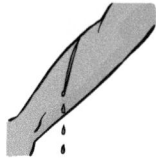

кан агу

sagnament

инфаркт

atac de cor

инсульт

apoplexia

аллергия

al·lèrgia

ютәл

tos

кызу

febre

грипп

gripa

эч китү

diarrea

баш авырту

mal de cap

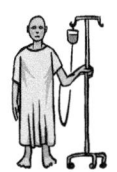

яман шеш

càncer

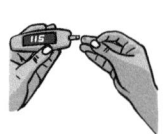

диабет

diabetis

хирург

cirurgià

скальпель

escalpel

гамәлият

operació

СТ

tomografia computada (TC), TAC

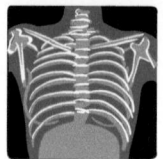

рентген

raigs x

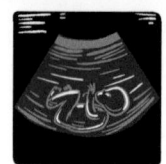

ультратавыш

ultrasò

битлек

mascareta

авыру

malaltia

көтү бүлмәсе

sala d'espera

култык таягы

crossa

пластырь

tireta

бәйләвеч

embenat

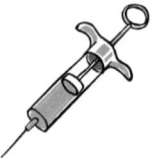

кадау

injecció

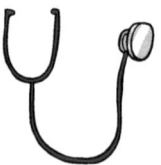

стетоскоп

estetoscopi

сәдия

llitera

клиник термометр

termòmetre clínic

туу

pariment

артык авырлык

sobrepès

ишетү җиһазы

aparell auditiu

дезинфектант

desinfectant

йогыш

infecció

вирус

virus

КИВ / БИДС

VIH / SIDA

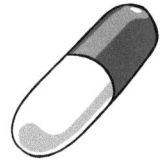

дару

medicina

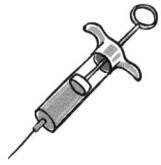

вакциналану

vaccí

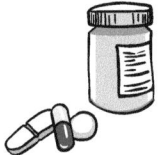

таблетлар

comprimits

контрацептив таблет

píl·lola

ашыгыч чакыру

trucada d'urgència

кан басымы үлчәгече

tensiòmetre

авыру / сәламәт

malalt / sà

Коткарыгыз!

Socors!

хәвеф тавышы

alarma

һөҗүм

assalt

һөҗүм

atac

куркыныч

perill

ашыгыч чыгу

sortida-eixida d'urgència

Янгын!

Foc!

ут сүндергеч

extintor

каза

accident

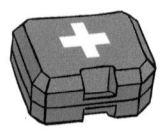

беренче ярдәм букчасы

farmaciola de primers
auxilis

SOS

SOS

полиция

policia

Аурупа

Europa

Төньяк Америка

Amèrica del Nord

Көньяк Америка

Amèrica del Sud

Африка

Àfrica

Азия

Àsia

Австралия

Austràlia

Атлантик океан

Atlàntic

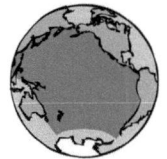

Тын океан

Pacífic

Һинд океаны

Oceà Índic

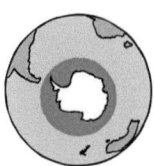

Антарктик океан

Oceà Antàrtic

Арктик океан

Oceà Àrtic

Төньяк котып

pol nord

Көньяк котып

pol sud

Антарктика

Antàrtida

Җир

terra

коры җир

país

диңгез

mar

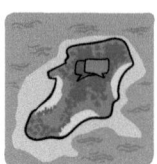

утрау

illa

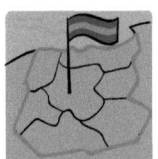

милләт

nació

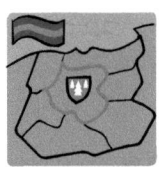

дәүләт

estat

сәгать бите

quadrant

сәгать угы

agulla de les hores

минут угы

agulla dels minuts

секунд угы

agulla dels segons

Сәгать ничә?

Quina hora és?

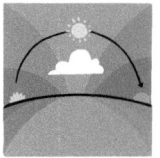

көн

dia

вакыт

temps

хәзер

ara

дижитал сәгать

rellotge digital

минут

minut

сәгать

hora

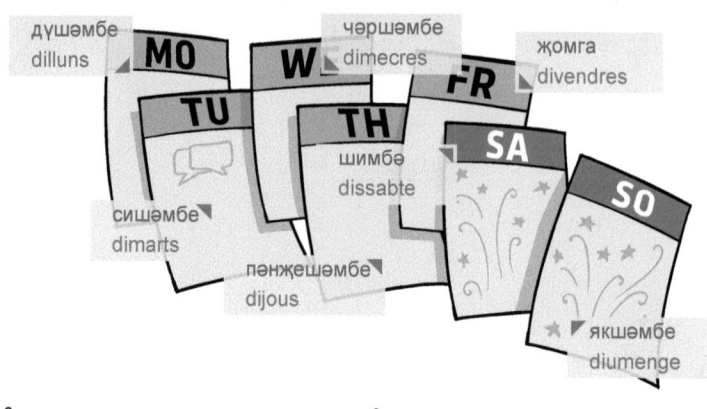

дүшәмбе dilluns · чәршәмбе dimecres · җомга divendres · W · MO · TU · FR · TH · SA · SO · шимбә dissabte · сишәмбе dimarts · пәнҗешәмбе dijous · якшәмбе diumenge

кичә

ahir

бүген

avui

иртәгә

demà

иртә

matí

төш

migdia

кич

tarda

эш көннәре

dia feiner

ял көннәре

cap de setmana

яңгыр
▶ pluja

салават күпере
▶ arc de Sant Martí

жил
vent

кар
neu

яз
primavera

көз
tardor

җәй
estiu

кыш
hivern

| | | |
|---|---|---|
| 4.APRIL | 11° | ☀ |
| 5.APRIL | 4° | ⛅ |
| 6.APRIL | 13° | 🌧 |
| 7.APRIL | 8° | ❄ |
| 8.APRIL | 10° | ❄ |

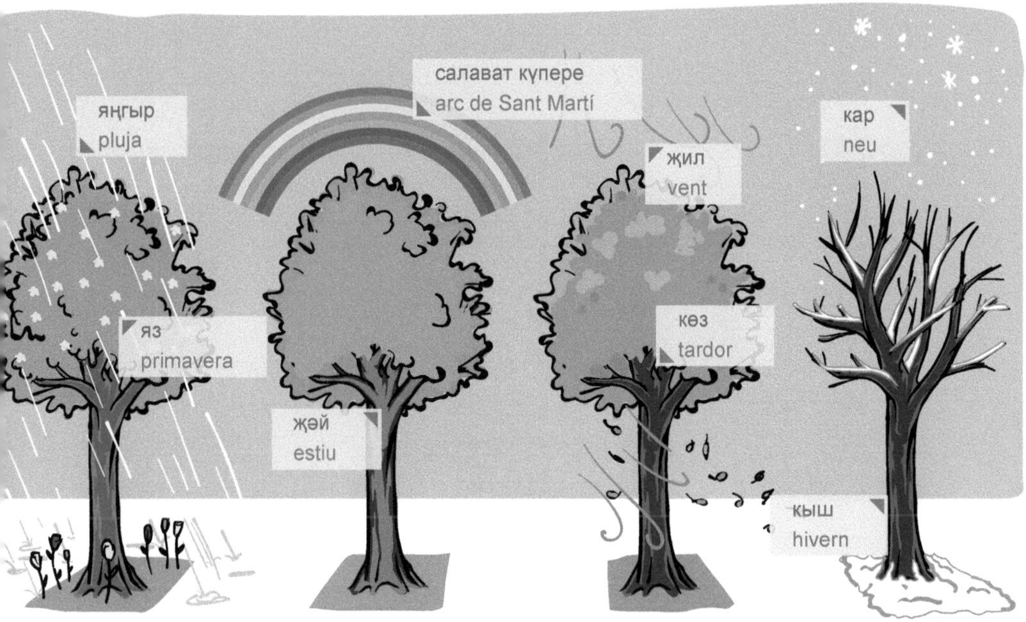

һава торышы

pronòstic del temps

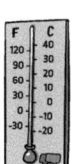

термометр

termòmetre

кояш яктысы

llum del sol

болыт

núvol

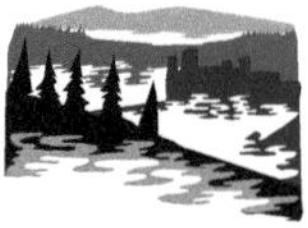

томан

boira

дымлылык

humiditat de l'aire

яшен

llamp

күк күкрәү

tro

давыл

tempesta

боз

calamarsa

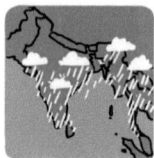

муссон

monsó

су басу

inundació

боз

gel

гыйнвар

gener

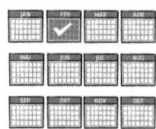

февраль

febrer

март

març

апрель

abril

май

maig

июнь

juny

июль

juliol

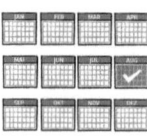

август

agost

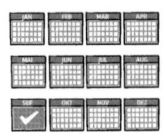

сентябрь

setembre

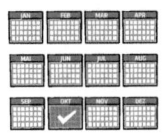

октябрь

octubre

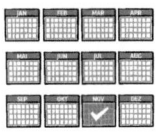

ноябрь

novembre

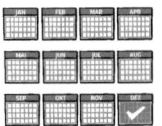

декабрь

desembre

## формалар
## formes

түгәрәк

cercle

дүрткел

quadrat

турыпочмак

rectangle

өчпочмак

triangle

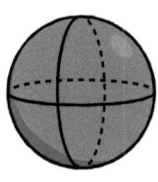

шар

esfera

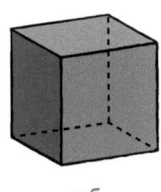

куб

cub

ак

blanc

сары

groc

кызгылт сары

taronja

ал

rosa

кызыл

vermell

шәмәхә

lila

зәңгәр

blau

яшел

verd

көрән

marró

соры

gris

кара

negre

күп / аз

molt / poc

усал / тыныч

emprenyat / tranquil

матур / ямьсез

bonic / lleig

баш / ахыр

començament / fi

зур / кечкенә

gran / petit

якты / караңгы

clar / fosc

абый, эне / апа, сеңел

germà / germana

таза / пычрак

net / brut

тәмам / тәмамланмаган

complet / incomplet

көн / төн

dia / nit

үле / тере

mort / viu

киң / тар

ample / estret

ашарга яраклы / ашарга
яраксыз

comestible / immenjable

яман / яхшы

dolent / amable

дулкынланган / ялыккан

entusiasmat / entediat

юан / ябык

gros / prim

беренче / соңгы

primer / darrer

дус / дошман

amic / enemic

тулы / буш

ple / buit

каты / йомшак

dur / tou

авыр / җиңел

pesant / lleuger

ачлык / сусау

gana / set

авыру / сәламәт

malalt / sà

канунсыз / канунлы

il·legal / legal

акыллы / акылсыз

intel·ligent / ximple

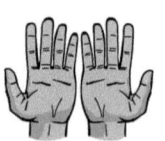

сул / уң

esquerra / dreta

якын / ерак

prop / llunyà

яңа / кулланылган

nou / usat

һичнәрсә / нәрсәдер

res / quelcom

өлкән / яшь

vell / jove

кабыздырылган / сүндерелгән

encès / apagat

ачык / ябык

obert / tancat

тавышсыз / гөрелтеле

silenciós / sorollós

бай / ярлы

ric / pobre

дөрес / ялгыш

correcte / incorrecte

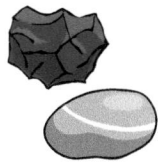

кытыршы / шома

aspre / suau

күңелсез / күңелле

trist / content

кыска / озын

curt / llarg

акрын / тиз

lent / ràpid

дымлы / коры

humit / sec - eixut

җылы / салкын

calent / fred

сугыш / тынычлык

guerra / pau

**0**

сыфыр

zero

**1**

бер

u

**2**

ике

dos

**3**

өч

tres

**4**

дүрт

quatre

**5**

биш

cinc

**6**

алты

sis

**7**

жиде

set

**8**

сигез

vuit

**9**

тугыз

nou

**10**

ун

deu

**11**

унбер

onze

## 12
унике
dotze

## 13
унеч
tretze

## 14
ундүрт
catorze

## 15
унбиш
quinze

## 16
уналты
setze

## 17
унҗиде
disset

## 18
унсигез
divuit

## 19
унтугыз
dinou

## 20
егерме
vint

## 100
йөз
cent

## 1.000
мең
mil

## 1.000.000
миллион
milió

инглизчə

anglès

Америка инглизчəсе

anglès america

Мандарин кытайчасы

xinès mandarí

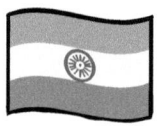

һинди

hindi

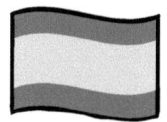

испанча

espanyol

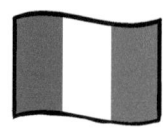

французча

francès

гарəпчə

àrab

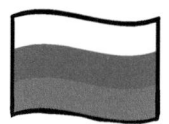

русча

rus

португалча

portuguès

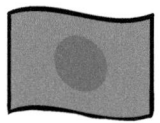

бенгали

bengalí

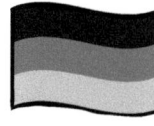

алманча

alemany

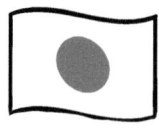

японча

japonès

мин

jo

син

tu

ул / ул / ул

ell / ella / allò

без

nosaltres

сез

vosaltres

алар

ells

кем?

qui?

нәрсә?

què?

ничек?

com?

кайда?

on?

кайчан?

quan?

исем

nom

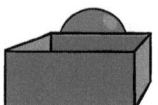

артта

darrere

эчендә

en

алда

davant de

өстендә

damunt

өстенә

sobre

астында

sota

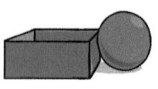

янында

al costat

арасында

entre

урын

lloc